AF319451

VOYAGE

DANS

La Russie Méridionale;

PAR LE CHEVALIER GAMBA,

Consul du Roi à Tiflis.

A PARIS,

CHEZ C. J. TROUVÉ, IMPRIMEUR-LIBRAIRE,

RUE NOTRE-DAME-DES-VICTOIRES, N° 16.

1826.

CARTES,

COSTUMES ET POINTS DE VUE,

contenus dans cet atlas.

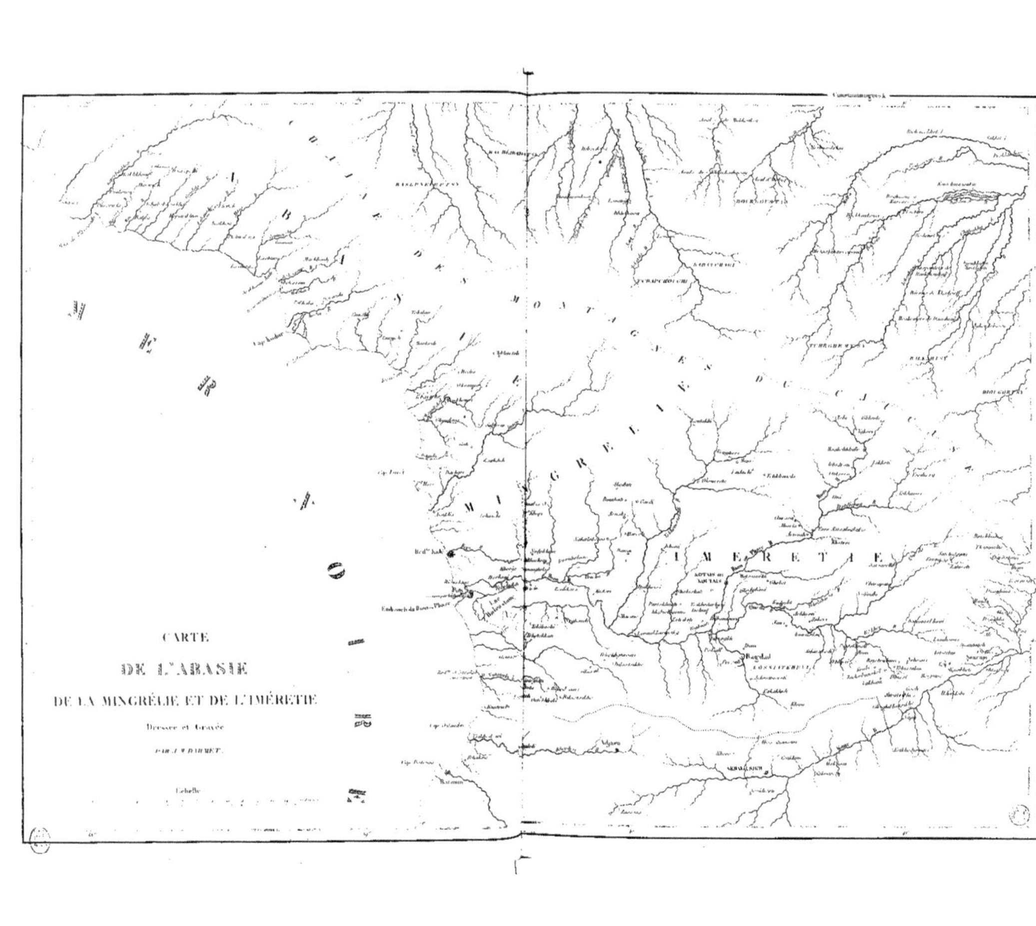

CARTE
DE L'ABASIE
DE LA MINGRÉLIE ET DE L'IMÉRÉTIE
Dressée et Gravée
PAR J. V. BARMET.
Échelle

Vue de Sebastopol, prise de l'entrée du port.

Vue du Promontoire, près du Monastère Saint George,
sur lequel on suppose qu'était placé le temple de Diane en Tauride.

Vue de la ville de Kertch, l'ancienne Panticapée.

Vase provenant des fouilles de Kertch.

Vue des bords du Kouban, prise de la Quarantaine d'Egorlick.

Vue de la Forteresse de Soukoum Kalé.

Chopin del.   Lith. de Engelmann

Prince Circassien.

Chopin.

Lith. de G. Engelmann.

Circassien en costume de guerre.

Circassien.

Jeune fille Circassienne.

Chopin
Lith. de G. Engelmann

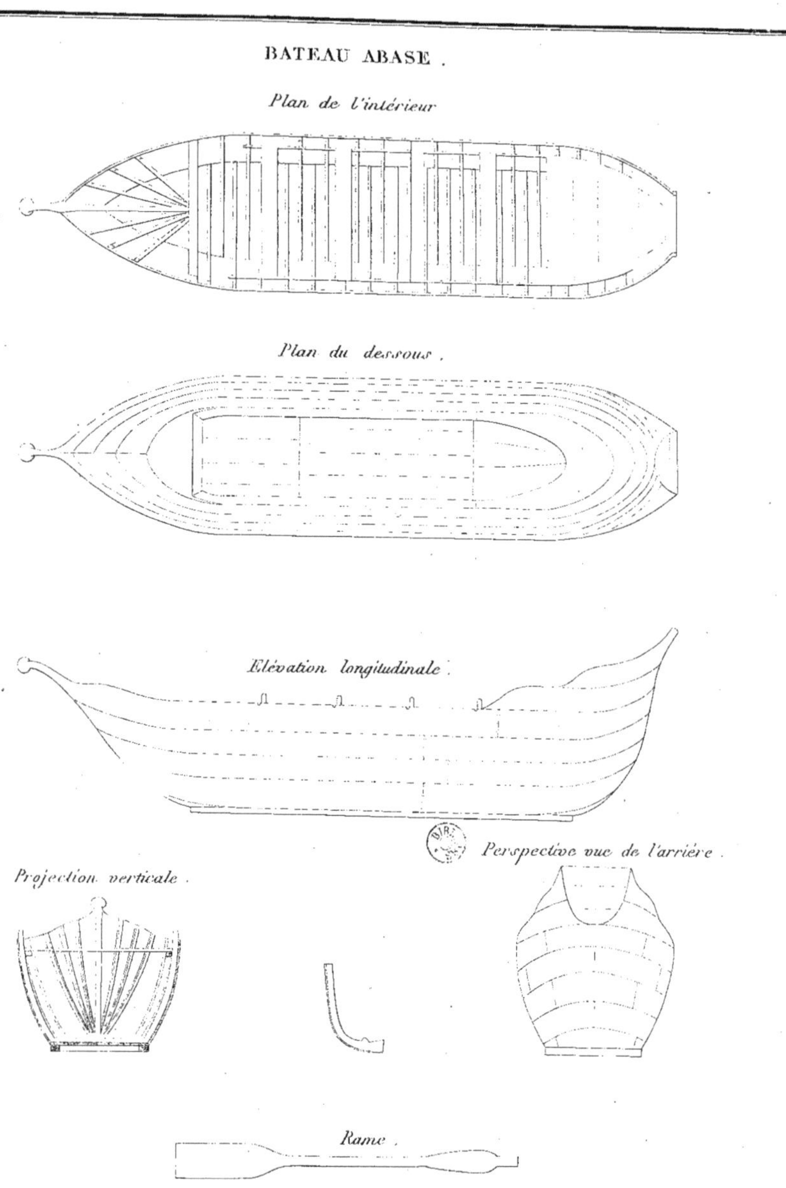

BATEAU ABASE .
Plan de l'intérieur
Plan du dessous .
Élévation longitudinale :
Projection verticale .
Perspective vue de l'arrière .
Rame .

Lith. de Engelmann

Vue de la forteresse de Redoute Kalé en Mingrélie.

Mingrelien, Marchand de raisin.

Princesse de Mingrélie

Chopin del.

Lith. de Engelmann

Jeune femme mingrélienne.

Chopin del.
lith. de Engelmann
Mingrelien

MONASTÈRE DE GAÉLAETH,

près de Cutays.

ÉGLISE

du Village de Ramisry.

ARRIÈRE CHAPELLE

du Monastère de Gaélaeth.

Figures sculptées dans la même Église.

Porte de fer renfermée dans le Monastère de Gaélaeth, provenant des portes caspiennes.

Statues servant de bornes le long de la route de Mariopol à Taganrog.

RUINES DE LA CATHÉDRALE DE COTAYS.
Façade de côté de la Cathédrale.
Derrière de la Cathédrale.
Entrée principale
de la Cathédrale.
Plan de la Cathédrale.
Côté du derrière de la nef
de l'Intérieur de la Cathédrale.
W. Meissner del.

CATHÉDRALE DE COTAYS.

Ornement
entre 2 portes de l'entrée principale.

Ornement
au dessus de la grande porte.

Chapiteau des Piliers.

Candelabre.

Chapiteau des Piliers.

Croix
au dessus d'une des portes de la nef.

Rondelle
au dessus de la nef.

Ornement
sur une des portes de côté.

Ornement
sur une des portes de côté.

Point de vue du Phase.

Vue d'une Forteresse du Canton de Radscha, en Immirette.

Vue d'une Forteresse des Frontières de l'Imirette et de la Turquie

Ruines d'un bain d'Eaux sulfureuses aux frontières du Pachalick d'Akhaltzikhe

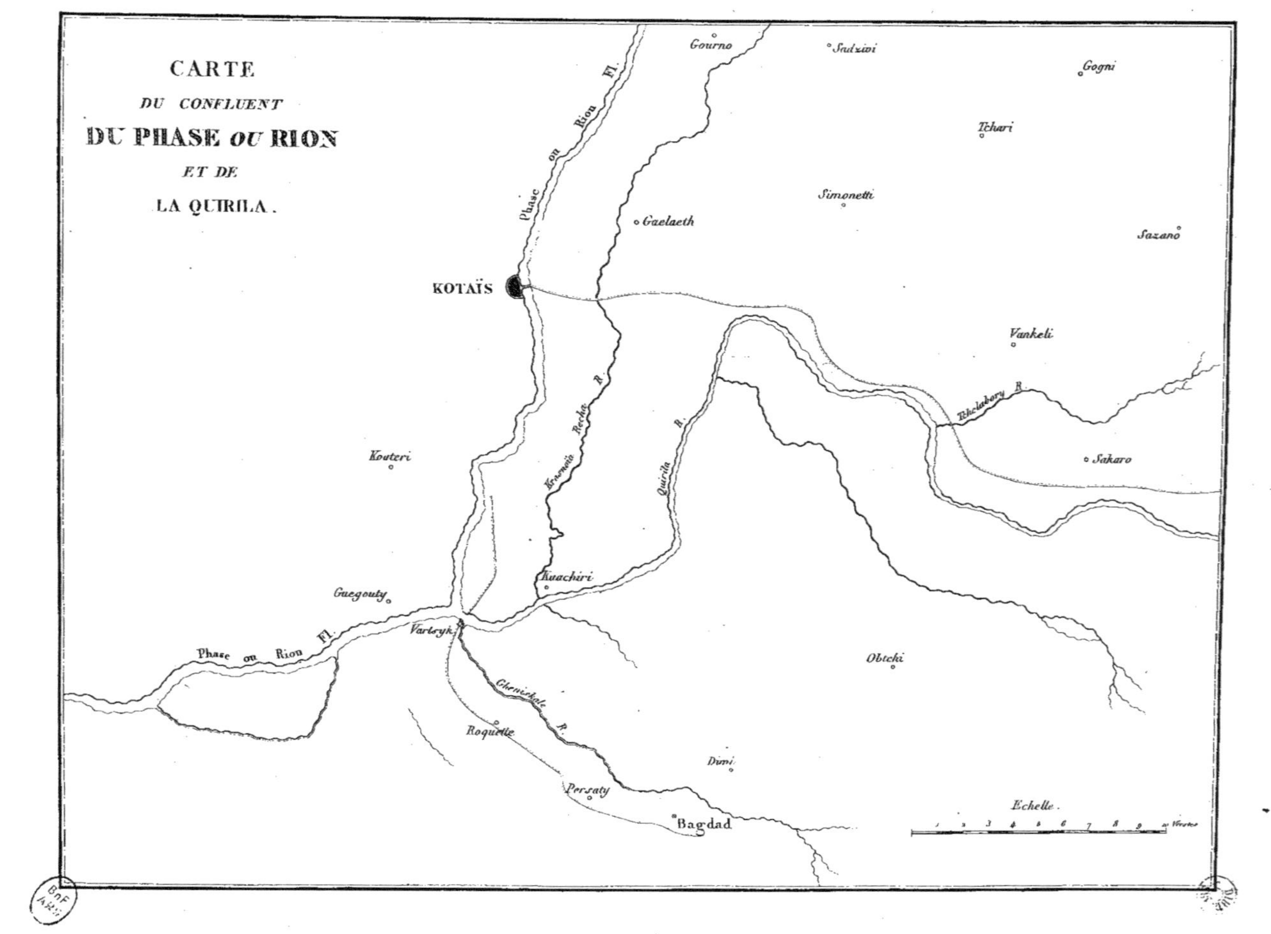
CARTE
DU CONFLUENT
DU PHASE OU RION
ET DE
LA QUIRILA.
Phase ou Rion Fl.
Gourno
Indzivi
Gogni
Tchari
Simonetti
Gaelaeth
Sazano
KOTAÏS
Vankeli
Rhizlabery R.
Kraragia Rechi R.
Quirila R.
Kouteri
Sakaro
Kuachiri
Guegouty
Vartsyk.
Phase ou Rion Fl.
Obtchi
Chenishale R.
Roquette
Dimi
Persaty
Bagdad
Echelle.
Verstes

Prince Immirétien.

Vue d'une Eglise en Imérethie près Cotaïs.

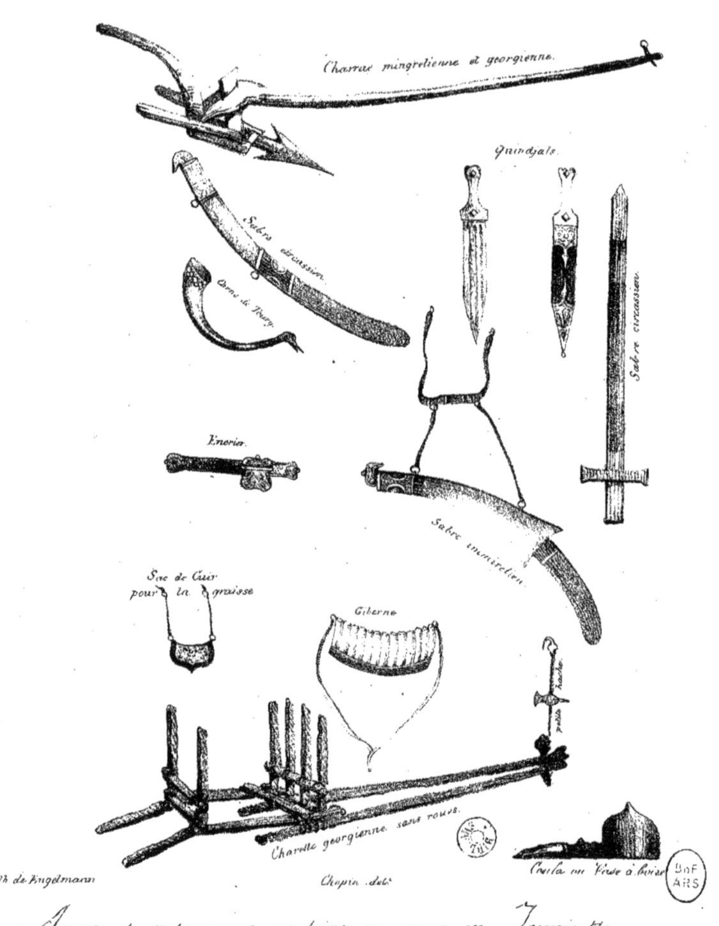

Armes et instrumens aratoires en usage en Imiriette.

Vue du mont Elbourous, prise de Georgiersk.

HB

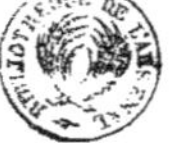

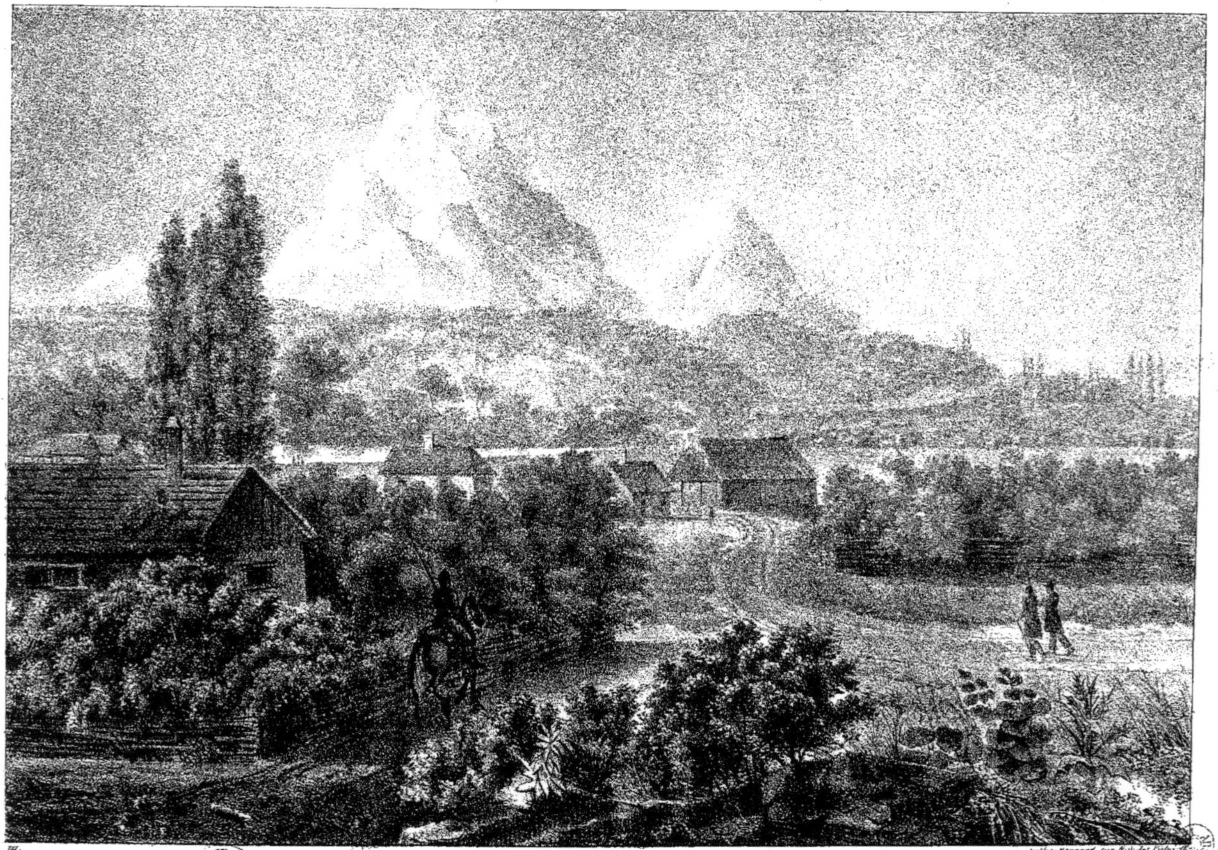

Lith. Bernard

Vue du Kasbek une des cimes du Caucase, prise de Mozdok

Femelle du Toury ou bouquetin du Caucase.

Chopin del.   Lith. de Engelmann

Espèce de Perdrix du Caucase de la grandeur d'une poule.

VUE DE TIFLIS.

Prince Géorgien.

Chopin del.   Lith de G. Engelmann

Marchand Arménien.

Princesse géorgienne en parure.

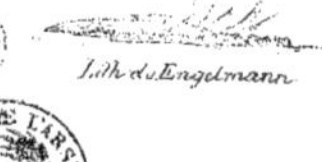

Chapuy del.

Lith. de Engelmann

Femme géorgienne.

Jeune Fille Géorgienne.

Chapin del.   Lith. de Engelmann

Danse de jeunes Géorgiennes à Tiflis.

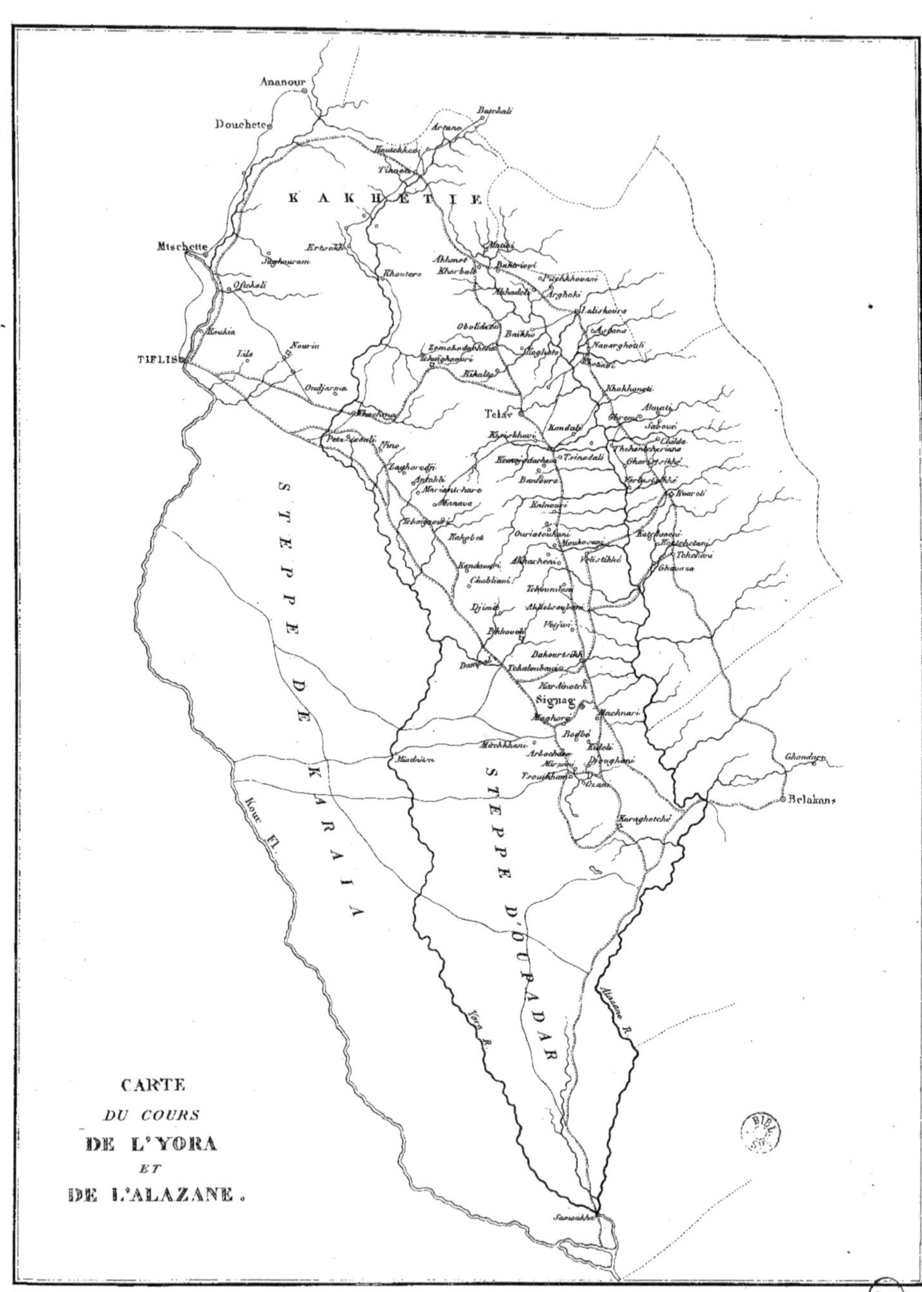

CARTE
DU COURS
DE L'YORA
ET
DE L'ALAZANE.

Ghessoury près des montagnes des Lesguiens.

Kroarelinitz.
District de Telar audelà de l'Alazane.

Lesguine

Vue de Souram, en Kartalinie.

Tartare nomade des frontières de Perse.

Khurde des frontières de la Perse et de la Géorgie.

Soldat Persan exercé à l'Européene.

Seigneur Persan.

Princesse Persanne.

Persanne d'un harem.

Esclave Persanne.

Chopin del.

Lith. de Engelmann.

Persanne d'un harem.

Persanne d'un harem.

Persanne d'un Harem

Bayadère persanne

VASES EN USAGE EN PERSE.

Femme Tartare d'Elizabeth Pol.

Tartare des environs de Schoumachi.

Bayadère Tartare de Schoumaki.

Tartare du Chirvan.